LIDERAZGO

Mejora tu lenguaje corporal para influenciar a
otros a través de comunicación poderosa

(Habilidades para una mejor toma de decisiones,
mejor persuasión y crecimiento personal)

Dylan Ceja

I0090005

Publicado Por Daniel Heath

© **Dylan Ceja**

Todos los derechos reservados

Liderazgo: Mejora tu lenguaje corporal para influenciar a otros a través de comunicación poderosa (Habilidades para una mejor toma de decisiones, mejor persuasión y crecimiento personal)

ISBN 978-1-989853-58-0

Este documento está orientado a proporcionar información exacta y confiable con respecto al tema y asunto que trata. La publicación se vende con la idea de que el editor no esté obligado a prestar contabilidad, permitida oficialmente, u otros servicios cualificados. Si se necesita asesoramiento, legal o profesional, debería solicitar a una persona con experiencia en la profesión.

Desde una Declaración de Principios aceptada y aprobada tanto por un comité de la American Bar Association (el Colegio de Abogados de Estados Unidos) como por un comité de editores y asociaciones.

TABLA DE CONTENIDO

Parte 1

Introducción

Quieroagradecerte y felicitarte por descargar el libro.

Este libro contiene pasos probados y estrategias sobre cómo convertirse en un líder eficaz.

El liderazgo es una combinación de habilidades y conocimientos sobre cómo manejar a las personas para alcanzar ciertos objetivos. Algunas personas piensan que implica controlar lo que otras personas hacen. La primera lección que aprenderá de este libro es que nunca puede controlar el comportamiento de las personas si no quieren hacer lo que usted quiere. Cada persona decide lo que hará en un momento dado.

Un líder simplemente influye en las acciones de sus seguidores. Un líder hace que sus seguidores crean que lo que está haciendo es beneficioso para los demás, para la organización o para ellos mismos. Este libro le muestra qué cualidades necesita tener y qué habilidades necesita adquirir para convertirse en un líder eficaz.

Gracias de nuevo por descargar este libro, ¡espero que lo disfruten!

Capitulo 1: ¿Qué Hace un Líder?

La gente piensa que el liderazgo es una habilidad que puede aprender. No lo es. Es una combinación de características. Esta combinación crea un aura de influencia. Es una influencia del líder que hace que sus seguidores hagan lo que dicen.

Cuando pensamos en líderes, pensamos en presidentes anteriores, personas inteligentes, grandes atletas o sus entrenadores. Los líderes vienen de todas las formas y tamaños. Incluso un grupo de adolescentes tiene un líder. Lo que todos los líderes tienen en común es que las personas los siguen. Cuando hablan, la gente los escucha. Esto es lo que hace a los líderes especiales.

A veces, las personas se colocan en posiciones de liderazgo para influir en las personas que no las conocen. Un buen ejemplo es cuando un forastero es contratado para convertirse en gerente. En este tipo de situaciones, las personas se ven obligadas a escuchar al líder designado. Sin embargo, sin influencia, esa persona no será muy efectiva. Sin influencia, es solo cuestión de tiempo antes de que los miembros del grupo u organización se vayan, cambien de líder o actúen con indiferencia hacia el líder y la organización.

Cuando te colocan en una posición de liderazgo, necesitas establecer tu influencia sobre las personas que lideras en un período corto. Independientemente del tipo de título que tengas, las personas buscarán 4 factores antes de que te sigan. Asegúrate de desarrollar estas características:

Intelecto Superior

La gente quiere líderes que sean solucionadores de problemas. Cuando hablamos del intelecto superior de un líder, no nos referimos a su coeficiente intelectual ni a ninguna otra métrica utilizada por el mundo académico para medir la inteligencia. Lo más importante es su inteligencia para lidiar con las preocupaciones de la organización. El líder de un sindicato de trabajadores requiere una base de conocimientos diferente en comparación con el CEO de una empresa nueva.

Intenciones Nobles

Una organización tiene sus propios objetivos. Necesita un líder para asegurarse de que esos objetivos se cumplan en circunstancias siempre cambiantes. Si un líder tiene otros objetivos en mente, la organización no logrará cumplir sus objetivos. Un buen ejemplo de esto son las agencias gubernamentales. Estas organizaciones tienen roles específicos en mantener la sociedad habitable.

El gobierno central les proporciona fondos y personas para que puedan cumplir con sus deberes para con la sociedad. Sin embargo, si el objetivo del líder es engordar su bolso, la agencia será menos capaz de cumplir con sus deberes.

Puedes preguntar; ¿Cómo sabrían mis futuros seguidores si tengo buenas intenciones para la organización? La gente comprobará su integridad basándose en su historial y su reputación.

Reputación

Las personas que lideres también preguntarán a tu alrededor para ver qué tipo de líder eres y cómo tus seguidores pasadospiensan de ti. Tu reputación como líder afectará su primera impresión en las nuevas organizaciones.

Si tienes una mala reputación en general, puedes cambiarlo creando nuevas relaciones en la nueva organización que está a punto de liderar. Sin embargo, tomará algún tiempo antes de que pueda ganar su confianza si ya escuchó información incorrecta sobre usted.

Registro de Logros

En el entorno empresarial, los líderes se presentan al declarar sus logros. Estas declaraciones de éxito no pretenden simplemente impulsar el ego del líder. Su propósito es mostrar a los aspirantes a seguidores la experiencia de la persona que está a punto de guiarlos. Se prefiere un líder con experiencia que un novato porque los seguidores creen que uno que tiene mucha experiencia en su cinturón tiene mayores posibilidades de éxito.

Capitulo 2: Desarrollar Características de Liderazgo Interno

En el capítulo anterior, hablamos sobre las características que buscará su seguidor. Hay algunas cualidades de liderazgo que no buscarán pero que aún debe desarrollar.

Instintos de Liderazgo

Los instintos de liderazgo se refieren a su capacidad para percibir los sentimientos y la impresión que tienen sus seguidores sobre usted. Un capitán con una tripulación descontenta no durará mucho en su posición. Necesitas ser consciente de lo que está pasando en la mente de tus seguidores si quieres ser un líder exitoso. La mayoría de las veces, tus seguidores no te dirán sobre sus pensamientos y sentimientos a la cara. Hablarán de eso sin embargo, con sus compañeros seguidores.

Debes observar continuamente el comportamiento de tus seguidores. Puedes aprender sobre lo que piensa tu seguidor al ubicar a personas en las que puedes confiar. Tener un aliado en medio de tus seguidores te permitirá aprender información que tus seguidores normalmente no dirán frente a ti.

También debe mantener su comunicación con otros miembros influyentes de la comunidad. Debe crear una colección de seguidores en los que pueda confiar para proporcionarle información. Al enterarse de lo que otras personas piensan de usted, podrá ajustar su estilo de liderazgo y las acciones necesarias para crear la química del equipo.

Conexiones

También necesita buenas relaciones con personas tanto dentro como fuera de la organización que diriges. Desde fuera de tu organización, necesitaras personas que ayuden a tu equipo a acercarse a sus objetivos. Si el objetivo de tu empresa, por ejemplo, es conseguir empleados más inteligentes y talentosos, necesitará conexiones en el mundo académico que lo puedan orientar hacia sus mejores graduados. También necesitaras expertos que te brindarán consejos útiles para ayudar al equipo a alcanzar sus objetivos.

Dentro de tu organización, tendrás que desarrollar relaciones con las camarillas más pequeñas que se forman dentro. En las grandes organizaciones, no se puede esperar que todos sean amigos de todos los demás. En las grandes organizaciones, siempre hay camarillas que se forman. Cada una de estas camarillas tiene sus propios líderes informales. Ellos confían en estas personas y las escucharán cuando hablen. Necesitas crear conexiones con estas personas para poder influenciar a todos los demás. Discutiremos más sobre cómo puedes ganarte la confianza de estas personas en el siguiente capítulo.

Habilidades de Comunicación

Necesitas aprender a comunicarte efectivamente con tus seguidores. Tus ideas solo se convertirán en realidades si puedes transferirlas a tus seguidores.

Necesitas aprender cuándo hablar con tus seguidores como grupo y cuándo hablar con ellos en privado.

Muchas personas piensan que tener una línea abierta de comunicación, es lo mismo que convertirse en amigos con ellos. Hay momentos en que es ventajoso ser amigode tu seguidor y hay momentos en que necesitarás distanciarte de ellos. Como líder, debes poder tomar decisiones sin la carga emocional que genera la familiaridad con sus miembros.

Compromiso

Debes tener un compromiso con la organización que estas liderando y sus objetivos. Si el compromiso del líder hacia la meta es cuestionable, los miembros de la organización no estarán comprometidos con él.

Cuanto más tiempo lleve completar una meta, mayor debe ser el compromiso. En partes posteriores de este libro, hablaremos sobre los sacrificios que deberías estar dispuesto a hacer por la meta. Ya deberías empezar a pensar en cómo irás más allá para lograr tu objetivo. Ya deberías empezar a pensar en los sacrificios que debes hacer para alcanzar las metas y los sacrificios que pedirás a tus miembros.

Capitulo 3: La Base de tu Liderazgo - Confianza

No todos los grandes líderes son apreciados, pero todos sus seguidores confían en ellos. Cuando tomas la posición de liderazgo por primera vez, tu primer objetivo es ganarse la confianza de tus seguidores. Deben confiar en tu palabra y ser capaces de creer la información que usted les transmite. Necesitan confiar en tus decisiones. Cuando tengan fe en tus habilidades de toma de decisiones, harán lo que usted les pida, incluso cuando no estén de acuerdo con sus decisiones.

Una de las mejores maneras de ganarse la confianza de las personas que te rodean es tener una reputación de ser digno de confianza. Cuando un nuevo líder ingresa a una organización, el primer instinto de las personas en esa organización es investigar la reputación de esa persona. Buscarán noticias sobre usted y preguntarán acerca de qué tipo de persona es usted. Luego decidirán si tienes lo que se necesita para liderar su organización.

Ahora que sabes lo que harán después de ingresar a una posición de liderazgo, debes comenzar a acumular "puntos de confianza" en tu historial. Estas son algunas de las estrategias que puedes utilizar para hacer esto:

Ganar Experiencia

Por lo general, vemos que los miembros mayores de la organización asumen los principales roles de liderazgo. Se les da esta responsabilidad porque supuestamente tienen más experiencia en su industria que todos los demás. Puedes adquirir habilidades de liderazgo a una edad más temprana si buscas activamente experiencias que mejoren tus habilidades como líder.

Una de las mejores maneras de ganar experiencia es enfrentando tareas difíciles. Muchos miembros más jóvenes de una organización intentan eludir las tareas difíciles pensando que están destinados a los miembros mayores del grupo. Tú, por otro lado, deberías hacer lo contrario. Cuando recién comienzas, debes ponerte en los equipos que se ocupan de este tipo de tareas. Estos equipos suelen tener los miembros más talentosos de la organización. Puedes aprender mejor con estas personas.

Amplíe sus Conexiones con Otras Personas de Confianza.

Ser asociado con miembros confiables de la comunidad lo ayudará a mejorar su imagen. Cuando aún está desarrollando su carrera, debe hacer esfuerzos para poder establecer relaciones con este tipo de personas.

Si no lo ha hecho en el pasado y está a punto de obtener una posición de liderazgo, debe pensar en los miembros de confianza de la organización que conoce y que pueden presentarle la organización que está a punto de dirigir.

Excibir Competencia Regularmente

Si deseas ser un gran líder en el futuro, debes comenzar a mostrar competencia en el trabajo que realizas. Debes poder hacer el trabajo independientemente de los desafíos que se te presenten. Las personas competentes saben cómo resolver problemas. No permiten que grandes tareas y desafíos abrumen su mente. Saben cómo lidiar con el estrés para que puedan alcanzar sus metas sin romperse.

También debe mostrar estas características incluso cuando todavía no es un líder. Cuando se le coloca en la posición de liderazgo, sus seguidores potenciales revisarán sus logros. Si ven en su historial que usted es competente incluso cuando se enfrenta a obstáculos difíciles, pueden comenzar a confiar en sus habilidades.

Practicar un Proceso al Hacer Cambios.

Una de las partes más difíciles del trabajo del líder es conocer la dirección correcta para la organización. En las empresas, el cambio puede significar una reducción. En los equipos deportivos, el cambio puede significar que ciertos jugadores no podrán jugar. Sin embargo, los cambios son necesarios si la empresa, organización o equipo quiere mejorar su desempeño.

A los líderes generalmente se les asigna la tarea de decidir sobre los tipos de cambios que deben realizarse. Cuando se toma la decisión, también se les asigna la tarea de implementar estos cambios. Al planificar e implementar cambios, debe tener en mente el objetivo de la organización. Todos los cambios deben mejorar las posibilidades de la organización de alcanzar sus metas.

La mayoría de los cambios son obvios y no requieren mucha reflexión. Los cambios que involucran a tus seguidores son los más difíciles de planificar e implementar. Digamos que hay ciertos empleados en su empresa que no cumplen con los estándares requeridos. La solución obvia es eliminar a esos empleados y atraer a aquellos que tienen más probabilidades de obtener mejores resultados.

Aunque el plan puede sonar muy bien en papel, puede que no vaya tan bien en la implementación. Algunas de las personas que retira pueden ser muy apreciadas en la empresa y su eliminación puede afectar la moral de los demás empleados. También pueden cuestionar su propia seguridad laboral.

Por otro lado, las nuevas personas que traigas pueden no recibirse muy bien. La introducción de nuevas personas puede crear conflictos que no se explican en la etapa de planificación. Cada vez que traes nuevos miembros, siempre estás tirando los dados sobre cómo afectarán a la química del equipo.

Estos cambios pueden tener un efecto negativo en el desempeño del equipo u organización.

Los Cambios Deben Ser Bien Comunicados a los Seguidores.

Muchos líderes aficionados piensan que

pueden hacer lo que quieran en la organización que lideran. Toman decisiones sin siquiera avisar a su seguidor. Esto hace que los seguidores piensen que no son una parte importante de la organización.

No debes hacer esto cuando estás liderando. La mayoría de la gente teme a los cambios. Sin embargo, su temor tiende a ser menor si los cambios se anuncian con anticipación. Esto les da tiempo para adaptarse a los cambios. Es solo la falta de familiaridad con los cambios lo que hace que las personas lo odien. Cuando se familiaricen con los cambios que están por ocurrir, podrán esperar y planificar los desafíos.

Para hacer los cambios más soportables para tus seguidores, necesitas darles tiempo para procesarlos en sus mentes. Debes discutir tus decisiones con tus seguidores. También debe analizar cómo los cambios que implementa mejorarían las posibilidades de éxito de la organización.

Si eres un entrenador, por ejemplo, en lugar de cambiar las posiciones de tus jugadores de la nada, debes presentarles la idea primero y darles tiempo para practicar sus nuevas posiciones. De esta manera, estarán más listos cuando llegue el momento del juego.

Sepa como Ajustar sus Estilos de Comunicación.

La comunicación es su herramienta más importante para ganar confianza. Sin embargo, debe ajustar el estilo de comunicación que utilizará con cada miembro de su equipo. Algunas personas solo prefieren comunicarse si hay un propósito para ello. Cuando se reúna con este tipo de personas, debe asegurarse de que la agenda de la reunión esté trazada y de que no se pierda mucho tiempo.

Algunos tipos de miembros prefieren chatear para pasar el tiempo. Deberías pasar más tiempo hablando con estas personas. Son excelentes fuentes de información si desea conocer la moral de sus seguidores.

Se Organizado Cuando Presentas Ideas

Cuando hables con el grupo como un todo, debes demostrar que estas organizado. Debes planificar el orden en que presentas tus mensajes y siempre terminar con una nota positiva. No hay mejor momento para mostrar estas cualidades que cuando te presentas a sus colegas. En las presentaciones, los logros de las personas generalmente se mencionan primero. Debes permitir que alguien más diga esta información. Tus grandes logros siempre tienen más peso cuando vienen de otra persona. Cuando llegue el momento de hablar, debe centrarse en los objetivos de la organización y en cómo cada miembro juega un papel importante para alcanzar este objetivo.

Primero Gana la Confianza de tus Lideres de Comunidad

Como se mencionó en el capítulo anterior, en las grandes organizaciones, siempre hay subgrupos y estos subgrupos siempre tienen sus propios líderes. Las empresas, por ejemplo, se dividen en diferentes departamentos. Incluso las organizaciones sin divisiones claras también se dividen en grupos. Debes saber quiénes son los líderes en estos subgrupos.

Después de presentarte a las personas que estás a punto de dirigir, debes reunirte con los líderes de estos subgrupos y crear relaciones con ellos. Para poder ganar la confianza del resto de la organización, necesita ganarse la confianza de estas pocas personas.

Al reunirse con estas personas, debe mostrar mando y autoridad. Debe enviar el mensaje de que espera que dirijan sus subgrupos para ayudar a la organización a lograr su objetivo final.

También debes preguntar a cada uno de ellos qué esperan de ti. Al dejarles hablar, tendrá una buena idea de la impresión que tienen de usted. Algunos de los que no están contentos con tener un nuevo líder mostrarán una mala actitud hacia la reunión. Si ve indicios de esto en su reunión, puede suponer que el resto del subgrupo que la persona dirige también puede sentir lo mismo.

También debe informarles sobre lo que espera de cada uno de ellos. Esto le permite la oportunidad de mostrar a los miembros influyentes de la organización su propia autoridad.

Al hacer todo esto, debes observar cortesía y buenos modales. Incluso cuando la tensión aumenta entre los participantes, debes mantener la compostura. Esta reunión entre líderes dentro de la organización es una oportunidad para que pueda obtener una primera impresión de sus líderes entre organizaciones. Los líderes de estos subgrupos también tomarán esto como una oportunidad para aprender sobre usted. Debes tener control sobre todos los mensajes verbales y no verbales que muestres.

Capitulo 4: El Proceso de Liderazgo

Si crees que serás un excelente líder después de leer este libro, es posible que estés leyendo el libro equivocado. El liderazgo no se puede aprender en un día. Puede aprender qué cualidades deben desarrollarse, pero no podrá desarrollarlas hasta que salga al campo y pruebe sus habilidades.

Para convertirse en un líder eficaz, necesita someterse a un proceso. Debe pasar por este proceso cada vez que comience una nueva posición de liderazgo.

Construye tus Habilidades de Liderazgo

Siempre debes estar construyendo tus habilidades de liderazgo. Algunas de las habilidades básicas que necesita aprender se trataron en los capítulos anteriores. Si está comenzando, es posible que necesite mejorar sus habilidades de comunicación y su capacidad para leer a otras personas. Su objetivo como líder es asegurarse de que su equipo u organización alcance sus objetivos. Debido a esto, también debe aprender sobre los conceptos básicos de la fijación de objetivos y cómo alcanzarlos. Esto incluye habilidades sobre cómo administrar los recursos y el tiempo.

Aprender sobre los objetivos de la organización

Después de desarrollar sus habilidades de liderazgo, necesita aprender acerca de la organización para la que está trabajando y sus objetivos. Como líder, debes enfocarte en estos objetivos.

Los nuevos líderes generalmente son nombrados cuando la organización está teniendo dificultades para alcanzar sus metas. Debe revisar cómo la organización ha alcanzado estos objetivos en el pasado. Si en intentos anteriores, la organización no ha alcanzado estos objetivos, debe identificar los factores que contribuyeron al fracaso. Debe tomar nota de las áreas donde la organización se quedó corta. También debe buscar las acciones que no fueron completadas por la organización.

Si desea tener éxito a largo plazo con la organización para la que está trabajando, debe asegurarse de que sus objetivos estén en línea con los suyos. No debe tener reservas morales cuando se trata de ayudar a esa organización a alcanzar sus objetivos. Sus seguidores sabrán si no confían plenamente en su organización. Te escucharán en las palabras que uses y las señales no verbales que muestres.

Aprende sobre tus seguidores

Aparte de las cualidades discutidas en las partes anteriores del libro, su seguidor puede estar buscando cualidades adicionales en su líder ideal. Para conocer estas cualidades, debe conocer a las personas que está a punto de dirigir. Necesitas aprender qué los motiva a ser parte del equipo. También debe preguntar acerca de los líderes que siguieron en el pasado.

Cuanto más aprenda sobre las personas que dirigirá, más preparado estará para su trabajo. Cuando llegue a la organización que está a punto de dirigir, debe hablar con sus posibles seguidores. Debes tratar de saber todo lo que puedas sobre el tipo de vida que viven, sus aspiraciones y qué significa para ellos el cumplimiento de la meta. También debes tratar de aprender cuestionando qué los motiva. Esto te ayudará a conocer sus prioridades.

Aprende cómo puedes ayudar a la organización a alcanzar sus metas.

Como líder, su objetivo es guiar al equipo para alcanzar el objetivo de la organización. Si no logra alcanzar este objetivo, se le culpará por la falta. En los negocios, el objetivo suele ser aumentar las ventas. En un equipo deportivo, el objetivo suele ser convertirse en campeones de la competición.

Como líder del equipo u organización, depende de usted asegurarse de que su equipo esté capacitado y equipado para las tareas requeridas por la meta. En los negocios, esto significa que debe incorporar nuevos métodos de capacitación para mejorar las habilidades de sus empleados. También será responsable de incorporar nueva tecnología que mejorará el rendimiento de sus empleados.

Un líder también es responsable de implementar los cambios difíciles que necesita una organización. Es posible que necesite atraer nuevas personas para garantizar el éxito. También es posible que deba eliminar a ciertas personas de ciertas posiciones. No todos estarán de acuerdo con los cambios que propone, pero debe respetar estas decisiones si cree que es para el mejoramiento de la organización y si aumentará la probabilidad de éxito.

Por último, debe desarrollar el plan para acercarlo a sus objetivos. En los equipos deportivos, el entrenador es el que elabora la estrategia que utilizará el equipo. En los negocios, el CEO puede no ser el que crea los planes y las soluciones para el crecimiento, pero tiene la última palabra sobre cuáles usar.

Como líder, debe evaluar los recursos que tiene actualmente. Debe evaluar los talentos de sus seguidores para asegurarse de que cada miembro reciba las tareas correctas.

Siempre considera los factores humanos que afectan el camino hacia la meta.

Muchos líderes piensan que sus seguidores son recursos que deben administrarse y usarse de manera eficiente. Esto les permite hacer planes que expriman la cantidad de tiempo y energía de sus empleados o seguidores. Si desea que sus seguidores tengan un buen desempeño, no debe considerar que sus seguidores son meros recursos.

Necesitas pensar en cada uno como una persona. Aparte del tiempo, la energía y las habilidades que ofrecen para la organización, también tienen sus propias aspiraciones. También están pasando por dificultades en la vida.

Al considerarlos como seres humanos en

lugar de recursos, podrá ajustar su plan para proporcionar un descanso adecuado a sus seguidores. También debe considerar que tienen mucho conocimiento que ofrecer al completar la meta.

Crea una visión de éxito y comunícala

Cuando tenga un plan claramente definido, ahora debe crear una visión de éxito. En su opinión, debería imaginar cómo sería cuando su organización o equipo haya alcanzado sus objetivos. Debes comenzar por imaginarte en relación con el éxito de la meta. Usted debe imaginar el lugar y un evento específico. Para los equipos deportivos, este evento podría ser cuando reciban el trofeo del campeonato. Para las empresas, su visión podría ser la de una empresa más grande al servicio de grandes clientes y empleados sénior que ganan grandes salarios.

Cuando tenga una idea clara de cómo se ve el éxito, debe imaginar lo que cada miembro del equipo ha logrado para contribuir a la realización de los objetivos de la organización. Debe imaginar a su seguidor con sus logros y lucir orgulloso de lo que ha logrado.

Debe crear una entrada de diario de su visión del éxito. Esta visión le permite ver lo que el futuro tiene para usted. Como líder, la idea de éxito debe ser clara para usted. Si no está seguro de cómo se ve el éxito, sus seguidores también se confundirán con lo que su organización está tratando de lograr.

Si sus objetivos para la organización tardan mucho tiempo en completarse, debe recordarse constantemente su visión del éxito. Puede volver a la entrada de diario que ha creado para poder revivir la visión en su mente.

Ahora que sabes lo que significa el éxito, debes comenzar a comunicarlo a tus seguidores. También debe incluir esta visión cuando se presente a sus seguidores. Debe recordarles a sus seguidores esta visión cada vez que enfrentan un desafío.

Debe preparar su discurso sobre la comunicación de su visión del éxito para asegurarse de que se entrega con claridad. Debe asegurarse de que se mencionan todos los subgrupos de la organización. Si está liderando un equipo pequeño, debe asegurarse de que cada miembro del grupo esté incluido en el discurso. Se sentirán especiales por ser mencionados y sabrán lo que usted espera de ellos al mismo tiempo.

Una visión de éxito da dirección a tu equipo. Si comunica su visión de manera efectiva, cada persona en su equipo u organización apuntará hacia el mismo objetivo y conocerá sus propios roles al completar el objetivo.

Capitulo 5: Recopilación de Información Sobre el Viaje

En los capítulos anteriores, discutimos que un líder apunta a ayudar a la organización a alcanzar sus metas. Lo hace utilizando los talentos y los recursos de la organización de manera eficiente.

Sin embargo, un líder no puede ser efectivo si no sabe qué hacer para alcanzar la meta de la organización. Como líder, debe conocer el mejor método para alcanzar la meta de la organización.

Aprender de los líderes del pasado

Debería aprender las formas utilizadas por sus predecesores para alcanzar la meta. Cuanto más sepa sobre el viaje, mejor equipado estará su equipo para enfrentar los desafíos. Debe reunirse con los líderes que se encontraban en su posición en el pasado. Pregúntales qué hicieron bien. Además, pregúnteles qué harían de manera diferente si estuvieran en su posición.

Si no tiene acceso a líderes anteriores, también puede leer libros y artículos sobre los viajes de personas que enfrentaron los mismos desafíos que usted. Debe tomar nota de las lecciones de liderazgo que puede usar en su propia situación.

Debes comparar los eventos del pasado con tu situación actual. Debe considerar los desafíos similares que enfrentaron los líderes anteriores. Cuando vea desafíos similares, debe tomar nota de las soluciones utilizadas por los líderes anteriores para enfrentar estos desafíos.

Escuchar la opinión de expertos

Independientemente de lo inteligente que seas, siempre habrá preguntas nuevas para ti. Si se encuentra con una pregunta de este tipo cuando planifica el objetivo de su organización, debe considerar pedir la opinión de expertos para obtener respuestas. Incluso los mejores entrenadores deportivos recurren a profesionales de acondicionamiento físico y acondicionamiento físico para mantener el cuerpo de sus atletas en forma. Incluso los mejores generales tienen analistas que les dan interpretaciones de datos. También necesita expertos que lo ayuden a tomar decisiones sobre cómo alcanzar sus metas de manera más rápida y eficiente.

Realizar un seguimiento de su progreso

Una forma de saber si su plan está funcionando es hacer un seguimiento del progreso que su equipo u organización ha logrado para alcanzar la meta. El seguimiento de su progreso le dirá si los esfuerzos de su equipo serán suficientes para alcanzar sus metas a tiempo. Si las estadísticas le dicen que su progreso es demasiado lento, podrá saber qué áreas de la organización necesitan ayuda.

Ajústate mientras aprendes.

Hay algunas realizaciones que solo aprenderá después de la etapa de planificación. Cuando encuentre tales realizaciones, debe aceptar su error rápidamente para que pueda hacer los ajustes necesarios para que pueda alcanzar sus metas. La mayoría de los líderes están muy orgullosos de abandonar los planes que han diseñado. Debe dejar de lado su orgullo y concentrarse en los ajustes que puede hacer para alcanzar sus metas.

Capítulo 6: Empoderar a tus seguidores

La mayoría de la gente piensa que el líder es el miembro superestrella de una organización. En películas y series de televisión, vemos a los líderes como el único con todo el poder y la riqueza. Si esperabas lo mismo cuando te conviertes en un líder, te espera una sorpresa.

Los mejores líderes del mundo no se centran en lo que pueden obtener de la posición. De hecho, hacerlo es contraproducente para el logro de los objetivos de la organización. Los grandes líderes empoderan a sus seguidores porque saben que el éxito radica en el desempeño colectivo de los miembros del equipo.

Aumenta la confianza de tus seguidores

El elogio de un líder es importante para sus seguidores. Puedes usar elogios bien colocados para aumentar la confianza de las personas que te rodean. Cuando uno de tus seguidores se siente deprimido, por ejemplo, puedes mejorar su estado de ánimo elogiando su trabajo. Sólo debes dar auténticos elogios. La gente sabe si estás usando elogios para manipular el comportamiento de los demás.

Dar crédito a quien le corresponda

Muchos gerentes toman crédito de los empleados. Sin embargo, cuando las cosas no van bien, es más probable que estos mismos gerentes culpen a los demás. Este tipo de líder engendra conflictos dentro de su organización. Cuando hay un conflicto, es más probable que los miembros de la organización se centren en él en lugar de las tareas que se supone que deben hacer. Como líder, debe asegurarse de que las promociones y los beneficios especiales vayan a las personas que los merecen.

Demuestra que te preocupas por tus seguidores

Muchos líderes de empresas actúan como celebridades en sus organizaciones. Tratan a sus seguidores como fangirls, saludándolos y diciendo algunas líneas practicadas. Con el tiempo, sus seguidores se resienten por la distancia que mantienen de sus seguidores.

Como líder, no debes actuar como si estuvieras por encima de tus seguidores. Puede agregar valor a las personas con las que trabaja al hablarles diariamente. Puedes comer tu almuerzo, por ejemplo, con algunas de las personas con las que trabajas. Puedes comer con un grupo diferente de personas todos los días para asegurarte de conocer y hablar con todos.

Cuando pasa a un grupo de sus seguidores en el lobby de su oficina, por ejemplo, puede saludarlos. Si tienes tiempo, ¿por qué no chatear con ellos? En las celebraciones dentro de la organización, debe conectarse con tantas personas como sea posible.

Al hacer estas acciones sociales, da la impresión de que usted es uno de ellos. Al comunicarse con ellos regularmente, también les da la oportunidad de expresar sus opiniones sobre la organización y las estrategias adoptadas para alcanzar los objetivos de la organización. Si enfrentan problemas en sus tareas específicas, también lo escucharán de primera mano. Algunos gerentes tienden a disminuir el impacto de los problemas de la organización cuando informan a sus jefes.

Rodéate de los mejores seguidores

Los puestos clave en la organización deben otorgarse a las personas que tienen más que ofrecer para completar el objetivo. En el mundo corporativo, muchos líderes se sienten intimidados cuando los miembros talentosos los rodean. Temen que la brillantez de los demás sea más brillante que la propia.

No debes permitir que tu miedo y orgullo te dominen. Al rodearse de excelentes trabajadores y pensadores, está mejorando las posibilidades de la organización de alcanzar sus objetivos. Las personas que realizan un trabajo excelente mejoran el rendimiento de las personas que los rodean. Deberías estar agradecido si hay personas en tu equipo tan brillante o incluso más brillante que tú. Deben animarte a aprender más y mejorar tus habilidades.

Enseña tus habilidades a los seguidores prometedores

Los grandes líderes se toman el tiempo para desarrollar a otros líderes. La mayoría de los gerentes tienden a ser egoístas al compartir sus conocimientos y habilidades porque temen perder sus empleos. Los grandes líderes saben que si continúan aprendiendo, su seguridad laboral nunca estará en peligro. Confían en enseñar sus habilidades a sus seguidores, quienes se muestran prometedores al ser un líder.

Por ejemplo, al elegir un asistente, debe elegir a la persona que muestra la mayoría de las cualidades de un gran líder. Entre las cualidades que aprendes en este libro, debes poner el mayor peso en la integridad por encima de todos los demás. Al hacer de ellos tu asistente o tu mano derecha, les das la oportunidad de aprender de tus actividades diarias. Debe mejorar las cualidades que ya tienen y desarrollar las habilidades y cualidades que aún pueden faltar.

Comparte tu aprendizaje con los demás

Como se mencionó en capítulos anteriores, un gran líder no deja de aprender. A medida que aprendas, debes compartir tus conocimientos con las personas que te rodean. Cuando recién comienza, debe centrarse en compartir contenido motivacional. A medida que trabaja con su equipo y comienza a conocerlos personalmente, debe atreverse a compartir información personal.

Los profesionales más prometedores buscan mentores para guiarlos en la profesión elegida. Debe elegir compartir su conocimiento con este tipo de personas. Algunas personas no aceptarán de inmediato lo que estás enseñando, pero si demuestras coherencia, es posible que aprecien algunas de las cosas que compartes con ellos.

La delegación es una habilidad que todos los líderes deben aprender. Es una forma para que el líder haga uso de los talentos de las personas que lo rodean. Al delegar, un líder no solo conserva su propia energía sino que también da el mensaje a sus seguidores de que confía en ellos.

No debes confiar totalmente en las personas que te rodean en tareas importantes. Deberías tomarte el tiempo de observarlos primero. Cuando empiece a dirigir una nueva organización, debe buscar a las personas en las que puede confiar. Debe tomar nota de las habilidades de las personas para saber qué tareas puede delegarles.

También debe tomar nota de los grupos de personas que trabajan bien juntos. Las personas que forman sus propias camarillas dentro de un grupo grande ya tienen relaciones bien establecidas. Ya no tienen que conocerse antes de comenzar a trabajar. Podrías dar grandes tareas a este tipo de grupos.

También hay personas que prefieren trabajar solas. Algunas personas que prefieren trabajar solas producen una alta calidad de trabajo. Debido a sus altos estándares, ellos prefieren trabajar sin la ayuda de otros. También debe conocer los tipos de tareas que funcionan mejor para este tipo de personas.

Por último, debe identificar las tareas importantes para alcanzar los objetivos de la organización. Aquí es donde debes poner tus propios esfuerzos y atención. Debe asegurarse de que las tareas más importantes se realicen a tiempo y de la manera correcta.

Distribuir la indemnización

En el mundo de los deportes, los salarios varían entre los jugadores dependiendo de sus habilidades y desempeño previo. Los mejores jugadores del equipo generalmente obtienen el mayor recorte en el tope salarial. La mayoría de los jugadores ricos ya no se preocupan mucho por el dinero. De vez en cuando, vemos a los mejores jugadores tomando recortes salariales para que otros grandes jugadores también puedan unirse al equipo. Al hacer esto, el jugador muestra que su objetivo principal no es el dinero, sino hacer que el equipo esté mejor preparado para competir por el campeonato. Esto aumenta la moral de otros miembros del equipo. También vemos que los mejores CEOs hacen lo mismo. Durante los recortes presupuestarios, en lugar de recortar empleados, algunos directores generales prefieren recortar sus propios salarios.

Capítulo 7: Haciendo Sacrificios

Como líder, debes ser apasionado con los objetivos que se te piden. Si estos objetivos son importantes para usted, debe estar dispuesto a hacer sacrificios por ello. No puedes pedir a tus seguidores que hagan sacrificios por la causa si no estás dispuesto a hacer sacrificios por tu cuenta. Solo deberías

Indica lo que estás dispuesto a sacrificar

Los sacrificios se refieren a las cosas que renunciamos para aumentar la probabilidad y la velocidad de logro de la meta. Los sacrificios deben llevarte a dedicar más tiempo, atención y recursos para alcanzar una meta. Los sacrificios pueden sentirse difíciles a veces, pero mejoran las posibilidades del equipo de alcanzar sus metas.

Puede mostrar a las personas que lo siguen su compromiso hacia la meta haciéndoles saber qué está dispuesto a sacrificar para alcanzarla. Antes de que pueda hacerles saber, debe enumerar estos sacrificios. Debe enumerar las conveniencias que está dispuesto a dejar ir para este objetivo. También debe incluir las oportunidades que está perdiendo debido a su compromiso con este objetivo. Cuanto más importante es el objetivo, mayores deberían ser tus sacrificios.

Establece los estándares que quieres de tus seguidores

Debes exhibir el comportamiento que quieres de tus seguidores. Si quieres que tus seguidores trabajen duro, también deberías trabajar duro. Si quieres que lleguen temprano, debes ser el primero en llegar temprano. Debes mostrar consistencia si quieres que tu seguidor esté inspirado a hacer lo mismo.

Cuando pides a tus miembros que hagan sacrificios, debes estar presente con ellos. No debe dar todo el trabajo a sus seguidores mientras esté de vacaciones. Esto afectará la moral del equipo.

Sea positivo en la capacidad de su equipo

para alcanzar la meta.

Necesita mantener una actitud positiva hacia el resultado de sus planes. Debes mantener una actitud positiva tanto para ti como para tus seguidores. Los líderes son la fuente de fortaleza de sus seguidores. Cuando los líderes tienen confianza, también lo son los seguidores. Si el líder muestra dudas en su rostro, los seguidores también comienzan a dudar del proceso.

Incluso si sientes dudas hacia el plan, no debes permitir que se muestre en tu cara. Hay ocasiones en las que te sientes como para expresar tus sentimientos a través de la ira y la frustración.

Es tu propio sacrificio para el equipo mantener lo que sientes de tus seguidores. Solo debes hablar de tus verdaderos sentimientos a tus confidentes. Deben ser personas en las que confíes para que guarden tus secretos. Para sus seguidores, debe controlar las actitudes y los comportamientos que muestra para mantener su moral y su mentalidad enfocada hacia el logro de la meta.

Hazles saber a tus seguidores tus sacrificios para las organizaciones.

Cuando esté seguro de que practica lo que predica, debe comenzar a transmitir el mensaje de hacer sacrificios a sus seguidores. Debes enumerar lo que estás pidiendo de ellos. También debe explicar cómo estos sacrificios podrían ayudar al equipo a alcanzar sus metas más rápido.

Debe recordarles a sus seguidores la visión del éxito para convencerlos de que hagan sacrificios por los objetivos. También debe criar a las personas que hicieron sacrificios en el pasado para alcanzar el mismo objetivo. Si eres el entrenador de un equipo de fútbol, por ejemplo, puedes mencionar jugadores legendarios y los sacrificios que hicieron para ser grandes.

Conclusión

¡Gracias de nuevo por descargar este libro!

Espero que este libro haya podido alentarlo a mejorar sus habilidades de liderazgo.

El siguiente paso es implementar los consejos y estrategias discutidos en los capítulos de este libro. Guarde este libro para que pueda volver a las estrategias que contiene cuando le faltan instrucciones para desarrollar sus habilidades de liderazgo. Por último, debes seguir aprendiendo. Mientras continúes aprendiendo sobre cómo empoderar a las personas, las personas buscarán tus habilidades de liderazgo.

¡Gracias y buena suerte!

Parte 2

Introducción

Deseo agradecerle y felicitarle por descargar el libro.

Este libro contiene los pasos probados y las estrategias acerca de cómo ser un líder efectivo.

Este libro le provee de 25 fáciles consejos acerca de cómo convertirse en un buen líder.Este libro es para líderes quienes quieren mejorar y crecer en la organización. Es también para aquellos que aspiran convertirse en futuros líderes. Usted aprenderá a desarrollar a futuros líderes como usted. Después de leer este libro, estará listo para convertirse en el mejor líder que puede ser.

Nuevamente gracias por descargar este libro, espero que lo disfrute!

Habilidad 1: Un buen comunicador, no solo un buen hablador

Usted no puede ser un buen líder si no cuenta con las habilidades de un buen comunicador, La clave para convertirse en un comunicador habilidoso va más allá de las lecciones que aprendió en la academia. Desde sus años iniciales en la escuela, le fue enseñado el uso de la enunciación apropiada, la gramática correcta, el vocabulario, la sintaxis y la entrega, entre otros temas. El enfoque siempre ha sido sobre como saldrá como comunicador.

Si observa a los líderes más influyentes del mundo, mientras hablan acerca de sus ideales, también hablan · a sus pensamientos y emociones. Si su audiencia es movida y se le solicita prestar atención a lo que han escuchado de usted, entonces usted no solo habrá triunfado como comunicador, sino que también habrá entregado bien su mensaje.

Sea poderoso y prolífico

Un gran líder sabe cómo comunicarse prolífica y poderosamente. Se comunica con sus subordinados con frecuencia y en muchas formas diferentes.

Eche un vistazo a la definición de estas dospalabras distintas:

•Prolífico significa producir resultados constantes (o exitosos).

•Poder que significa la habilidad de hacer (o actuar) efectivamente.

Estos dos atributos son cruciales. Un buen líder usa sus palabras para generar resultados porque tiene una visión clara de hacia dónde quiere llevar a la organización.

Recuerde que las habilidades de la comunicación con la perspectiva estratégica necesaria pueden compararse a las de un presentador de noticias reportando sin un teleprompter. Una gran entrega es nada si el contenido es vacío.

Habilidad para impartir mensajes en los que cree

Un buen líder sabe que necesita interactuar con diferentes tipos de personas. Usted debe estar al tanto de que secomunica con la gente a su alrededor a través de su palabra hablada y sus acciones. Base sus mensajes en lo que usted cree. Sin embargo, usted pudiera también alinear sus palabras con sus acciones y sus creencias.

El mensaje no tiene nada que ver con el mensajero, todo se trata de cubrir las necesidades y expectativas de la audiencia al 100%. Así es como usted se convierte en un buen comunicador:

•Hable con sinceridad. Todo lo que usted diga debe venir del corazón. No endulce noticias desagradables y asuntos negativos, en su lugar, ofrezca soluciones viables.

•Sea personal. Sea atractivo. No importa si

tiene a 100 o solo a 10 personas en su audiencia. Usted debe llegar a ellas.

•Sea específico. Sea simple, conciso y claro. Usted no necesita utilizar palabras complicadas que otras personas pudieran no entender, solo para mostrar que usted tiene un vocabulario amplio.

•Enfóquese en el impacto de su mensaje. No solo piense en entregarlo, sino también en lo que va a entregar. Usted es exitoso cómo comunicador si puede inspirar a su gente.

•Haga a un lado su ego. En una discusión saludable con su personal, usted tiene que ser uno con ellos y hacerlos sentir cómodos.

Recuerde que un buen comunicador no solamente se enfoca en sí mismo, sino en cuan capaz es de transmitir su mensaje y su impacto sobre las personas que le escuchan.

Habilidad 2: No solo oye, El escucha

Cuando sus subordinados le dicen que ellos quieren que sus voces sean escuchadas, ellos no quieren que usted solo los "oiga". Ellos también quieren que usted realmente "escuche" lo que ellos tienen que decir. Un buen líder no solamente sabe cómo hablar y transmitir su mensaje, sino también sabe cómo realmente escuchar a sus subordinados.

Como líder, tenga en mente que los miembros de su grupo buscan más atención. La retroalimentación y el apoyo de usted como su superior, así que usted debe aprender cómo ser más consciente de sus necesidades como individuos y como grupo. Esto le ayudará a convertirse en un líder más efectivo e inspirador.

Si desarrolla esta habilidad, usted puede construir una relación de mayor confianza no solamente con la gente que trabaja con usted, sino también con todas aquellas personas en general con quienes se reúne. Este gesto también alimenta la transparencia y la lealtad de parte de sus subordinados.

Incluso, un líder que maneja menos de 20 personas, consigue difícil conocer lo que el grupo está pensando o si existe algún problema entre ellos o cómo ayudarlos a alcanzar metas. Usted solo puede hallar esta información si sabe cómo escucharlos. Una buena comunicación incluye escuchar lo que sus subordinados están diciendo a través de sus palabras y acciones.

Las habilidades de una buena escucha van más allá de darle a su grupo una atención completa porque usted también tiene que estar consciente de la expresión facial de cada individuo, el lenguaje corporal,los gestos, el estado de ánimo y las tendencias naturales de comportamiento.

Adicionalmente, no es solo hablar con ellos directamente, sino también observar cómo están cuando se encuentran en la oficina.

Problemas personales

Sus subordinados son humanos también, cada uno tiene sus propios problemas. Como empleador o líder, usted no tiene que conocer todo acerca de sus empleados, especialmente los asuntos personales, pero si estos asuntos comienzan a afectar su rendimiento en el trabajo, es el momento para que usted intervenga.

Usted no tiene que ofrecer una solución pero debe aprender a escuchar, empatizar y simpatizar, pero sin perder su autoridad sobre ellos. Usted debe crear el justo balance entre su deseo por que los subordinados hagan bien el trabajo y la compasión y atención a sus necesidades personales y profesionales.

Cómo escuchar efectivamente

•Muestre a sus subordinados que usted genuinamente cuida de ellos. Sus subordinados no son herramientas y recursos que su organización use para alcanzar el éxito. Ellos son el activo más valioso de su organización

•Aprenda a participar en los asuntos que son importantes para ellos. Cuando ellos expongan sus ideas, participe activamente, haga preguntas y realice seguimientos.

•Aprenda como empatizar. Como líder, usted experimenta estrés y presiones, pero también debe estar consciente que sus subordinados también lo sienten.

•Nunca juzgue. Reprímase de efectuar críticas mordaces, especialmente cuando sus subordinados aprendan a abrirse a expresar sus pensamientos.

Habilidad 3: Diga no a la micro gestión

Si usted es alguien que desea controlar todo, entonces hay una gran posibilidad de que usted realice una gran cantidad de micro gestiones cuando se convierta en un líder. Algunos líderes justifican esta acción porque no desean fracasar. Por lo tanto, tienden a mantener tareas sobre los hombros de sus subordinados en todo momento.

Un buen líder sabe cómo delegar y creer en los miembros de su grupo. Si durante el proceso de contratación se aseguró de obtener a las mejores personas, no tiene que realizar micro gestiones. Si usted sabe que tomó las decisiones correctas cuando estuvo en el proceso de contratar personal, todo lo que tiene que hacer es creer que cada miembro realizará adecuadamente las tareas que se esperan de ellos.

Usted no tiene que estar chequeando a su

personal constantemente, solo debe asegurarse que ellos están haciendo el trabajo.El problema debería haber sido atendido durante el proceso de contratación.

Si los errores y las fallas son inevitables, usted solo debe saber cómo y cuándo tener a la gente correcta para que pueda, por lo menos, minimizar los errores y las fallas, si no puede eliminarlos totalmente.

Habilidad 4: Lidera mediante el Ejemplo

En cualquier organización, siempre encontrará a un jefe que instruye a todos a permanecer hasta tarde para terminar un proyecto importante, pero abandona la oficina apenas son las 5:00pm para ir a jugar golf con sus amigos. También se encontrará a algún supervisor que reprime con frecuencia a su equipo para que no demoren mucho tiempo en Internet durante las horas de oficina, pero que es aficionado a las compras en línea mientras se encuentra de servicio.

Estas no son las cualidades de un buen líder. Si usted desea ser un líder efectivo, tendrá que honrar sus palabras. Usted tiene una responsabilidad con su equipo porque ellos acuden a usted por dirección y fortaleza. Estas cualidades son partedel trabajo.

¿Por qué es importante "Honrar sus palabras"?

Existe un antiguo adagio que distingue a los gerentes de los líderes y dice: "Los gerentes hacen las cosas bien. Los líderes hacen las cosas correctas" Actualmente es una gran oportunidad ser ambos un buen gerente y un líder.

Como líder, se encuentra en una posición perfecta para inspirar a la gente. Usted se convierte en un instrumento para impulsarlos a la grandeza. Cuando su personal lo hace bien, no solo beneficiará a la organización sino a cada individuo que trabaje en la compañía. Para lograr esto, usted debe mostrarles la ruta.

Un gran líder actúa y su grupo le sigue. ¿Recuerda a MahatmaGandhi?Pasó su vida adulta predicando y resistiendo la injusticia. Muchas personas siguieron sus pasos que condujeron a la independencia de la India.

La historia acerca de cómo General Electric se hizo exitosa a través de Jack Welch debería ser una inspiración para cualquiera aspirante a líder.Él elevó la compañía a grandes alturas, y fue quien acuñó la idea de una "organización sin límites".Cada individuo en la compañía era libre de intercambiar ideas. Cuando se mencionatodos, significa sin importar la posición, cada uno era alentado a plantear sus ideas, en vez de esperar que el personal de la alta gerencia las pensara primero. No discriminó y escuchó cada nueva idea incluyendo hasta las de los trabajadores de la línea más baja. Cada gerente en su compañía siguió su guía y gracias a eso, GE se convirtió en un gran éxito.

¿Cómo se relaciona esto con usted?Es simple, si usted se da por completo a su equipo y dirige la manera, ellos probablemente le seguirán a cualquier parte.

Recuerde que el buen liderazgo necesita

fortaleza de carácter y un compromiso firme para hacer lo correcto, en el momento indicado y por la razón apropiada, en cada oportunidad.

Habilidad 5: Sea Agradable

Una cosa es ser asertivo y autoritario, y otra cosa ser fuerte pero accesible. Un líder efectivo no es alguien a quien sus subordinados teman. Cuando dirige mediante el miedo, es difícil influenciar a las personas.

Se han ido los días en que un líder duro se sentaba cómodamente en su oficina y era apenas alcanzable. Si su personal sabe que pueden acudir a usted fácilmente cuando tienen un problema, una inquietud o hasta una sugerencia y saben que usted está dispuesto a escucharlos, entonces usted está haciendo bien su trabajo.

Recuerde que sin sus subordinados no podrá ser un líder. Una organización debería estar conformada por personas que reconozcan las contribuciones de cada quien en el logro de cada meta y esfuerzo.

Hay diferentes maneras de hacerse agradable. Acá hay cinco cualidades importantes que debería tener para ser un líder bueno y accesible:

•Como líder debe seguir siendo autoritario, pero aún debe mostrar empatía hacia su
personal.

•Tiene que ser tan puntual como sea posible, pero debe saber cómo doblar las reglas y
perdonar a las personas con excusas razonables.

•Tiene que estar orgulloso de lo que ha logrado, pero mantenerse humilde y no presumir
acerca de ello.

• Cuando sea reconocido por su trabajo duro, también debe reconocer las contribuciones
de su equipo al éxito suyo y al de la organización.

•Tiene que ser generoso, y sin embargo

mostrar una gran cantidad de gratitud por todo.

Recuerde que como líder, debe entregarse, su tiempo, energía, conocimiento, motivación y sus propios puntos de vista. Una vez que muestre su aprecio por su personal, ellos se harán leales a usted y le ayudarán a alcanzar las metas de su organización.

Habilidad 6: Sea Firme y decisivo

Ser un líder decisivo involucra crear una cultura de confianza y resiliencia. Un líder firme es alguien quien siempre toma la decisión correcta, en el momento indicado, y por las razones correctas.

•Claridad de propósito. El propósito es una visión compartida dentro de la organización. Es un marco esencial para avanzar. Un buen líder permite a sus subordinados conocer el propósito de la compañía. Él se asegura de que cada empleado comprenda y acepte claramente el propósito principal de la compañía.

•Completamente comprometido. Es importante para un líder vivir los valores y el propósito de la organización, al mismo tiempo inspirando a otros a liderar mediante el ejemplo. Como líder, debe comenzar a partir de usted para que llegue a cada líder de equipo y a sus grupos individuales. Así es como los líderes de su equipo liderarán como usted, ya que encabezarán un equipo más pequeño.

•Transparencia. Es importante mantenerse abierto a sus subordinados. La integridad es una parte integral del buen liderazgo. La transparencia puede derribar todas las paredes y barreras existentes entre la gente. Por lo tanto, crea una relación de trabajo armoniosa. La transparencia minimiza las políticas usuales de oficina y previene la persecución de intereses personales, porque todos terminan trabajando en pos de una misma meta.

•Cree una cultura que permita los fracasos honestos. Una organización que promueve una cultura de liderazgo decisivo, permite a sus líderes tomar decisiones sin el temor de fallar y de retribuir. Es una cultura donde las "fallas honestas" son oportunidades para aprender y mejorar. Cada proceso de toma de decisión servirá como una forma de aprendizaje, bien sea que haya triunfado o que haya fracasado. Es así como una organización se hace más fuerte y más resiliente.

Las fallas deben inspirar a cada líder para que se levante e intente nuevamente. Si una organización no permite estos errores honestos (o fallas) desarrollará una cultura de miedo. Esto conllevará a sus subordinados a sentir temor a actuar y/o decidir por miedo a cometer acciones o tomar decisiones erróneas.

Habilidad 7: Resiliente

Como líder, alcanzar el éxito involucra enfrentar retos y dificultades. Usted no logrará el éxito sin ellos. Un líder exitoso es resiliente. Cada uno, en algún momento tendrá que encarar tiempos difíciles y sobreponerse a ellos le hará que la victoria sea más dulce.

La resiliencia es su habilidad para recuperarse rápidamente de cualquier dificultad. Nadie está exento de problemas y adversidades, incluso los mejores líderes no son inmunes a esto. La marca de un verdadero líder radica en cómo puede enfrentar los retos e influenciar a sus subordinados para que sean tan resilientes como él.

Cómo exhibir la resiliencia

•El miedo al fracaso, el rechazo y la traición son tres temores comunes con los que lucha un líder y que afectan sus estilos de liderazgo. El miedo al fracaso resulta en micro gestión y lucha por la perfección en todo momento. El temor al rechazo hace que un líder evite conflictos a cualquier costo. Esto puede hacer que se preocupe por demás por como los otros lo perciben. El miedo a la traición hace que un líder sea un fanático del control y se vuelva demasiado confiado.

•Para ser resiliente, debe eliminar estos temores y mostrarse. Puede que se avecine una dificultad pero aun así debe mostrarse y aceptarla.

•Cuando aprende a aceptar y entender, tiene que enfrentarse a los hechos sin importar cuán brutales o severos puedan ser. Un líder resiliente siempre es optimista frente a los problemas

•Si es un líder resiliente, tiene un alto grado de autoconciencia. Este es el tipo de conciencia que le permite conocer sus temores pero también le ayuda a manejar esos temores.

Habilidad 8: Sed por el conocimiento

Usted puede ser la persona más inspiradora del planeta pero si carece del departamento del conocimiento, corre el riesgo de perder su credibilidad. Por supuesto, poder inspirar y motivar a las personas es importante pero sus subordinados también acudirán a usted para obtener su orientación.

La vida en general es un proceso de aprendizaje. El aprendizaje no se detiene después de la escuela. Continuar leyendo, estudiando y aprendiendo. Tenga en cuenta que un "liderazgo basado en el conocimiento" lo llevará a convertirse en un líder eficaz. Hay dos cosas importantes que recordar si desea permanecer en la cima en los próximos años, la cruzada del conocimiento y la compañía de los amigos que mantiene

Habilidad 9: Fuerte carisma

Piense acerca de MartinLutherKingJunior o
JohnF.Kennedy. Estos son solo dos de los
líderes más carismáticos de quienes se
sabe no solamente en los Estados Unidos
sino alrededor del mundo.

Por definición, el carisma es un "atractivo
irresistible que puede inspirar la devoción
en los demás" Si busca en Internet como
convertirse en un líder carismático,
encontrará una gran cantidad de recursos.
Este consejo que le doy en este libro es
simple, para convertirse en un líder
carismático tiene que ser más "juguetón".
Ser juguetón no significa necesariamente
un juego de niños. Una dosis de diversión
en cualquier circunstancia hará que le
agrade más a la gente.

Uno de los líderes más influyentes de los
tiempos modernos es el actual Papa de la
Iglesia Católica. Usted debe haber
escuchado acerca de las muchas
anécdotas del Papa de quienes han

experimentado estar en contacto cercano con él.

Tenga en cuenta que los líderes más carismáticos pueden pasar de ser sombríos a tontos y volver a ser nuevamente sombríos. Después de todo, esto solo prueba que son seres humanos reales. La alegría le permite volverse espontáneo al conectar con otras personas. Si usted es el líder de una gran empresa multinacional o de un grupo de 10 personas, siempre es importante mostrar su otro lado. Esto le hará ser más querido por sus subordinados.

Aprenda a relajarse y simplemente sea usted mismo sin perder su naturaleza autoritaria. Haga su trabajo seriamente pero recuerde no tomarse asimismo demasiado en serio.

Habilidad 10: Sepa cuáles y qué preguntas realizar

Es un hecho que hay una línea delgada que lo separa de sus subordinados. Mantenga esa distancia segura de superioridad, pero asegúrese de dejar suficiente espacio para que puedan llegar hasta usted.

Hablar con ellos es una, hacerles sentir relajados o cómodos cuando hablan con usted es otra. La comunicación constante es una parte integral de una sana relación jefe subordinado.

Más que hablar con ellos y contarle sobre sus planes o las metas que desea que logren, también es importante hacer las preguntas correctas. Nunca sabrá realmente lo que verdaderamente sienten si no les pregunta, por lo tanto, hacer que se sientan cómodos al hablar con usted es importante. Así es como se abrirán a usted, sabiendo que no los juzgará ni lo tomará en su contra por expresar una opinión contraria a la que usted cree.

Es también una buena práctica pedirles sugerencias y retroalimentación. Así es como puede hacer ajustes para mejorar a todos en el grupo y también a la empresa.

Habilidad 11: Sea flexible

Aun si solo maneja un grupo pequeño, debe tener en cuenta que cada persona en su equipo tiene su propia personalidad, no hay dos personas iguales. Lo que funciona para uno puede no funcionar para el otro. Asegúrese de ser flexible en la forma como los trata.

Como líder, tiene que ajustarse para sacar lo mejor de todos. Algunas personas necesitan un poco más de mentoría y guía que otras. Algunos necesitarán poca supervisión.Sin embargo es importante no hacer que alguno se sienta superior o inferior. Todavía es su responsabilidad mostrar a sus subordinados que no está jugando a favoritismos y que no está discriminando a nadie.

Puede también ejercer flexibilidad en las políticas y regulaciones cuando surja la necesidad. A veces está bien doblar las reglas, pero aún debe asegurarse que entiendan que este no siempre será el caso. Solo debe dejarles saber que usted entiende cada circunstancia individual.

Habilidad 12: Capacidad para crear confianza

Sin confianza, usted no puede esperar que nada funcione como usted quiere. En cualquier clase de relación sea romántica, familiar, social y profesional, la confianza es un factor integral.

Como líder, es así como puede ganar la confianza de la gente con quienes trabaja:

•**Muestre que usted es apasionado por su trabajo**. Sus subordinados deberían ser capaces de ver su verdadera pasión por su trabajo. Así es como los motivará a ser apasionados también.

•**Aprenda a compartir lo que sabe**. Cuando es conocedor de la industria en la que se encuentra o el producto o servicio que ofrece, usted está seguro de ganar la credibilidad de su equipo, sabiendo exactamente de lo que está hablando. Teniendo esta confianza en lo que sabe, no vacilarán en pedir su ayuda o hacer preguntas.

Si saben que usted es conocedor y dispuesto a compartir con ellos lo que sabe, ellos estarán más dispuestos a escucharle porque saben que usted está hablando con autoridad.

•**La honestidad es importante**. La honestidad es una parte integral en la construcción de la confianza entre los miembros de su equipo. Cuando usted les dice o hace algo, es mejor que honre cada palabra. Esta es la manera más rápida de ganar su confianza. Asegúrese de no hacer promesas que sean difícil para usted cumplir. Reconozca sus errores. Reprímase de culpar a cualquiera y asuma sus errores. Definitivamente ganará el respeto de su equipo al hacer esto.

•**Sepa cómo decir "Gracias" y " Lo siento"**. Como líder, usted debe saber cómo apreciar el trabajo duro de su equipo. Usted también debe estar dispuesto a asumir sus errores. Usted es su líder de equipo, así que las fallas del equipo reflejan su habilidad para liderar. Reconozcay discúlpese. Así es como usted se gana su credibilidad.

También es imperativo evitar llevarse todo el crédito si el equipo entero lo hace bien. Reconozca todos los esfuerzos realizados por todos los miembros de su equipo. Mostrarles que les aprecia les motivará a continuar haciendo las cosas de la manera correcta.

•**Realice un esfuerzo por conocer a su equipo a nivel personal**. Esto lo hará más "humano" para su equipo. No solo hable con ellos en reuniones o en sesiones de coaching individual. Asegúrese de desviarse de su ruta habitual e involúcrese en pequeñas conversaciones. Puede también agendar un café con ellos un viernes. No lo hace menos líder hacia ellos si comparte algo de tiempo de calidad fuera del trabajo.

•**Ellos deben ver a través suyo**. Una de las formas más poderosas de ganar la confianza de su equipo es la transparencia. Sea que el negocio vaya bien o no, usted debe comunicar cosas importantes sobre el mismo a sus subordinados y explicarles lo que está ocurriendo realmente. Haciendo esto, pueden trabajar como uno. En tiempos difíciles, puede solicitarles soluciones que no ha sido capaz de plantear debido a que piensa demasiado acerca del problema. Es bueno recibir sugerencias de quienes están actualmente haciendo el trabajo para usted.

En los momentos durante los cuales el negocio vaya bien, debe también compartir las buenas noticias con ellos. Esto les servirá de motivación para continuar ofreciendo un trabajo ejemplar para el éxito y crecimiento del negocio.

•**Comparta la meta a largo plazo con su equipo**. Esto demostrará su transparencia y apertura con su equipo, pero es importante enfatizarlo. Usted gana confianza comunicándole a su equipo la visión, metas y estrategia para el crecimiento del negocio para que conozcan hacia donde quiere llevar a la compañía. Es importante compartir con ellos la pasión para que cada uno este alineado y listo para trabajar en pos de una visión común.

Habilidad 13: Sea Compasivo

Requiere carácter ser compasivo. Usted puede ser firme y aún mostrar amabilidad y compasión hacia su equipo. Debe mostrarles que usted es uno con ellos al celebrar los triunfos y al encarar las fallas. Algunos líderes hablan sin medir sus palabras.

Si realmente cuida de su equipo, entonces debe ser flexible y compasivo al implementar políticas y programas. Es también importante permitirles tener espacio para su crecimiento y asegurarles que haya un equilibrio correcto entre el trabajo y su vida personal.

Si demuestra que se preocupa por ellos, ellos le mostrarán lo mismo.

Habilidad 14: SabeCómo Comunicar el Cambio

Debe considerar 8 aspectos importantes cuando desee realizar cambios en la organización.

1. **No hay una forma ideal de comunicar el cambio**. Es un hecho conocido que el cambio incomoda a la gente. No hay una forma perfecta de comunicarlo pero de todas maneras debe hacerlo. Lo mejor que puede hacer es reunir información externa, tomar sus perspectivas e incorporar enfoques que no sean difíciles de aceptar por su equipo.

2. **Comience por usted mismo determinando los cambios que desea realizar y las razones específicas del porqué**. Una vez que llegue a la raíz del porqué desea hacer los cambios, será más fácil comunicárselo a sus subordinados.

3. **Establezca que resultados desea.** Asegúrese de conocer cuál es la intención

del llamado a la acción para el programa, así como también la estrategia comunicacional que desea usar. También debe haber un cambio paralelo en las funciones operacionales porque se convertiránen el marco para los resultados que usted espera alcanzar.

4. **Involucre a un estratega de la comunicación a sus discusiones**. Su abogado corporativo puede ayudarle a presentar los cambios sin requerir una recepción desfavorable de parte de su equipo.

5. **Comparta información importante con su equipo**. Es importante dejar saber al equipo acerca de los posibles cambios inmediatamente, en vez de dejar que los rumores les lleguen primero. Esto crearía pánico y conclusiones infundadas, así que es mejor que provengan de usted directamente.

6. **Dele tiempo**. Tenga en cuenta que no puede esperar que los cambios ocurran de

la noche a la mañana. No espere los resultados deseados de una vez.

7. **Explore varias vías de comunicación**. Hable personalmente con ellos, comunicar los cambios vía correo electrónico, o a través de un memo general. Puede usar diferentes vías de manera moderada. Es importante que cada detallesea claro para facilitar su comprensión.

8. **Dele a su equipo la oportunidad de hacer preguntas, comparta sus inquietudes, y ofrezca ideas valiosas acerca de los posibles cambios y mejoras en la organización**. Mientras más involucre a una mayor cantidad de personas en el proceso, será más fácil comunicar los cambios, y menos "rechazarán" los cambios.

Habilidad 15: Excelentes habilidades para la toma de decisión

Para convertirse en un líder efectivo, implementar las siguientes estrategias de toma de decisión puede ayudar:

•**Comando**. Tomar decisiones sin consultar al equipo. Es un estilo bueno y efectivo si las cosas se muevenmuy rápidamente y la gente busca una dirección inmediata.

•**Colaborativo**. Reúna a su gente y pídales retroalimentación y opiniones. Usted tendrá que tomar la decisión final pero seguir este estilo le permite tomar una decisión mejor informada.

•**Consenso**. Permita que todos voten durante cualquier proceso de toma de decisión. La mayoría debe mandar. Esta es una buena estrategiasi los cambios afectarán no solo a un equipo o a un individuo sino a toda la organización.

•**Conveniencia**. Cuando este rodeado de compañeros de confianza, su mejor opción será evitar tomar ciertas decisiones por su cuenta. Delegar es una buena movida por que puede medir las habilidades de toma de decisión de su personal. Puede también aumentar la confianza de sus subordinados cuando les corresponda tomar sus propias decisiones.

Habilidad 16: Excelentes Habilidades Para la Resolución de Problemas

Cuatro maneras de resolver situaciones y problemas:

1. **Transparencia**. Usted necesita ser transparente cuando se comunica con todo el personal involucrado. La clave para resolver un conflicto como líder es facilitar un dialogo abierto entre los involucrados. La discusión debe llevarse a cabo en un ambiente seguro donde todos puedan plantear sus argumentos y sugerencias o soluciones.

2. **Derribe las paredes**. La transparencia en la comunicación debe incluir también derribar los límites para que todos puedan trabajar como uno.

3. **Sea de mente abierta**. Necesita exhibir una mente abierta. Su personal debe abrirsetambién. Las sugerencias pueden discutirse hasta que pueda encontrar una

solución que sea aceptable a todos los involucrados.

4. **Cree una estrategia fundacional sólida**.
Necesitará plantear una estrategia fuerte. La mejor manera de resolver cualquier problema es enfocarse en las posibles soluciones en vez de en los problemasmismos. Un buen líder no se ve amenazado cuando su grupo ofrece posibles maneras de resolver un problema porque esto proporciona un lugar donde todos pueden trabajar de la mano.

Habilidad 17: Buenas habilidades para las redes

Para sobrevivir en cualquier industria que usted seleccione, necesita contar con una red fuerte. Debe constantemente construir relaciones porque usted nunca sabrá quién puede darle una oportunidad o compartir su conocimiento y aprendizaje.

Habilidad 18: Ayuda al equipo a superar sus debilidades

Un líder exitoso es alguien que puede motivar a un subordinado, especialmente durante las circunstancias más difíciles para la organización. Ellos pueden cometer errores durante el proceso, pero la mejor manera de manejarlos, es señalarlos y ofrecerles maneras de mejorar. Es importante explicarles lo que hicieron y el impacto en la organización. Permita que estos errores sean un proceso de aprendizaje.

Habilidad 19: Acepta el hecho de que no puede responder todo

Una parte de ser transparente y honesto con sus subordinados es reconocer que no debe saberlo todo. Absténgase de pretender tener todas las respuestas, en su lugar tome esto como una oportunidad para fomentar una sesión de resolución de problemas que valga la pena y que involucre a todo el equipo. Es posible que no siempre tenga todas las respuestas pero debe asegurarse de luchar constantemente por el aprendizaje continuo.

Habilidad 20: No impone el miedo

Nunca puede influir con éxito en su gente si la única razón por la que le obedecen es porque le temen. Un buen líder trabaja codo a codo con sus subordinados en lugar de mirar desde el margen gritando para que el equipo haga las cosas.

Habilidad 21: Sabe Cómo Animar a Otros a Apoyar Sus Ideas

Es un desafío lograr que las personas sigan y apoyen sus ideas. Algunas veces, su gente simplemente estará de acuerdo (aunque no lo esté) por miedo. Si es sincero, tenga claro lo que quiere y cómo lograr los objetivos y sea honesto con su grupo,no hay forma de que no lo apoyen.

Habilidad 22: HableCuando Nadie PuedaEncontrar Su Propia Voz

Usted y su equipo pueden ser parte de una gran organización.Si hay peligros o desafíos inminentes y nadie tiene el coraje de hablar ante los superiores, usted tiene que ser su voz.Su equipo lo amará más por esto.

Habilidad 23:Se Maneja Bien

Si quiere ser un buen líder, debe saber cómo manejarse.Tiene que reconocer lo que le estresa o le energiza.Mientras más se entienda asimismo y a sus emociones, mejor será para usted manejara su gente.Ningún subordinado quiere trabajar para un jefe que esté constantemente estresado.

Habilidad 24:Hace Los Comentarios Personalmente

Su grupo necesita saber si están sobresaliendo (o no) en el trabajo.Necesitan una retroalimentación constante para saber cómo mejorar y que deben continuar haciendo.Algunos gerentes no brindan retroalimentación adecuada (buena o mala) a sus subordinados.

Todosdesean una palmada en el hombro por un trabajo bien hecho. Sea generoso con sus comentarios y dígales lo bueno que son si se lo merecen.Tenga en cuenta que las buenas palabras y el reconocimiento son excelentes motivadores.

Por lo tanto, también es importante no escatimar palabras cuando no estén haciéndolo bien.Deben ser conscientes de las cosas que están haciendo mal para que puedan mejorar.

Un buen mecanismo de retroalimentación es hablar uno a uno con un subordinado.Una vez que les dé una mala retroalimentación, es importante proporcionarles información acerca de lo que están haciendo bien.No recurra a hablar con ellos sólo cuando cometan errores.Esto no es alentador y podría disminuirlos aún más en lugar de contraatacar y mejorar.

Habilidad 25:Desarrolla a Futuros Líderes

Un líder confiable y bueno no se siente amenazado cuando hay personas en el grupo que muestran cualidades de liderazgo. En lugar de resentirse asegúrese de apoyar a estas personas, ellos serán sus futuros líderes.Están aprendiendo de los mejores por lo cual es inevitable que exhiban cualidades de liderazgo.

Anímelos a seguir aprendiendo para mejorar.A medida que la organización crezca, necesitará más líderes y no hay nada más dulce que crear líderes de su propio equipo.

Conclusión

¡Gracias de nuevo por descargar este libro! Espero que este libro haya podido ayudarle a convertirse en el líder que quiere ser.

El siguiente paso es poner en práctica las cosas que ha aprendido y compartir el conocimiento con sus compañeros y subordinados.

¡Gracias y buena suerte!

)

www.ingramcontent.com/pod-product-compliance
Lightning Source LLC
Chambersburg PA
CBHW071234020426
42333CB00015B/1471